보통 사람들 이야기

민주화운동 그림책

보통 사람들 이야기
민주화운동 그림책

발 행 | 2020-11-27
저 자 | 김수정
펴낸이 | 한건희
펴낸곳 | 주식회사 부크크
출판사등록 | 2014.07.15(제2014-16호)
주 소 | 서울특별시 금천구 가산디지털1로 119 SK트윈타워 A동 305호
전 화 | 1670-8316
이메일 | info@bookk.co.kr

ISBN | 979-11-372-2485-8

www.bookk.co.kr

보통 사람들 이야기

민주화운동 그림책

Prologue

촛불집회를 보면서 생각했다. 무수히 많은 촛불들이 어디서 잠자고 있었을까? 세상을 바꾸는 불씨는 우리 주변에 숨어 있었다. 다 함께 불을 밝히니 온 세상이 환해졌다.

평범한 사람들이 선택한 양심과 정의가 모여 사회를 더 나은 방향으로 변화시켜왔다. 반드시 특별한 누군가가 영웅이 되는 것이 아니다.

이 그림책은 딸에게 들려주는 아빠와 할아버지의 인생 이야기이다. 평범하게 살아온 보통 사람들의 삶 속에 스며든 민주화운동의 한 단면을 담담하게 그려내고자 하였다.

News 속보입니다.

아빠는 항상
나에게 이런 말을 했다.

요즘 안타까운 일들이
너무 많이 일어난다.
그치?

.....

그 날,
나는 아빠에게
이렇게 말했다.

상관 없는 일이잖아.
우리가 그런 고민을 해봤자
무슨 소용이야?

그날 밤 아빠는
앨범을 가져와
옛날 이야기를 들려주었다.

사진 속 할아버지와 우리 아빠는
닮은 구석이 있었다.

돌아가신 할아버지 기억나니?
오늘은 나의 아버지와 나의
어린시절 이야기를 들려줄게

기억 속 아버지는
고등학교 시절 이야기를 자주 하셨어

이해하기 힘든
여러 일들이 있었던
1960년 봄날의 선거

3.15 부정선거 : 1960년 3월 15일 이승만 자유당 정권에 의해 대대적인 부정행위가
자행되었던 정·부통령 선거. 당시 막걸리, 고무신 등 뇌물을 통한 매수, 위협을 통한
강요, 가짜 투표용지 넣기, 투표함 바꿔치기 등 엄청난 부정행위가 행해졌다.

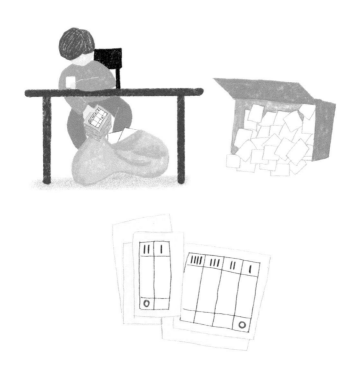

늘 정직했던
아버지의 같은 반 친구는
부정을 가만히 지켜보지 않았고

한달 내내 사라졌던 그 친구가
4월 어느 날
주검으로 발견됐을 때

슬픔에 잠긴 아버지는
이 일이 내 일이구나라고
생각을 하게 됐어

부정선거 규탄 시위에 참가했다가 행방불명된 김주열은
실종 27일만인 1960년 4월 11일 마산 앞바다에서
최루탄이 눈에 박힌 모습으로 발견되었다.

그 사건 이후
모두가 세상을 바꾸고 싶어할 때

學生의 피에
報答하라

1960년 4월 25일 대학교수단 시국선언

어린 학생들도
외면하지 않았고

부모 형제들에게 총부리를 대지말라

1960년 4월 19일 이후 국민학교 학생 시위

아버지와 많은 친구들이
슬픔을 함께 공유하고
용기를 내서 싸웠어

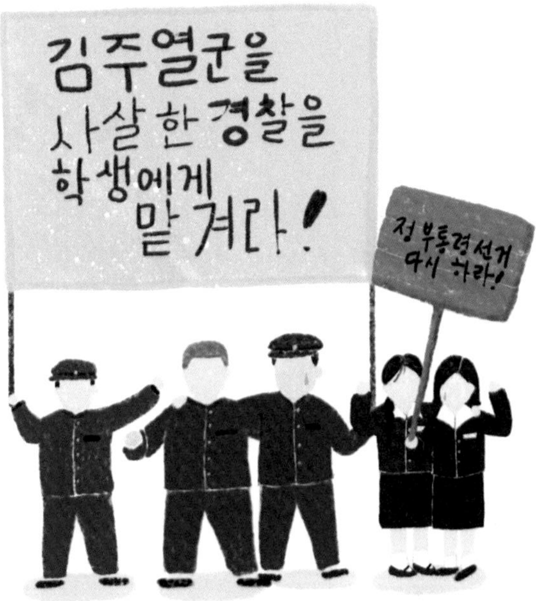
김주열군을
사살 한 경찰을
학생에게
맡겨라!
정부통령선거
다시 하라!

20대가 되고
다시 일상을 맞이한 아버지는

어머니를 만나
가정을 꾸리고

나를 낳고

밤낮없이 성실하게 일했어

부모님의 헌신적인 사랑을
듬뿍 받고 자란 나는
어느덧 국민학교에 입학했고

완 입학을 축하합니다

아버지를 닮아
늘 성실한 학생이었어

치열했던 학창시절의 나는
공부밖에 몰랐고

우수한 성적으로
좋은 대학에 진학했던
스무살이 되던 해

그 때의 난
모든 것을 알고 있는 듯
자신감에 차 있었단다

고운 마음씨를 지닌 아내를
스무살에 처음 만나고
함께 시간을 보내며
사랑하는 법을 처음으로 배웠어

그 도시에서 자란 너희 엄마가
실신할 정도로 눈물을 쏟던 날이 생생해

광주비디오 : 1980년 광주 민주화운동 당시 광주의 실상을 촬영한 영상 기록물.
광주시민, 재외 한인, 유학생, 외국 방송사 등에 의해 제작되었다.
국내에서는 1980년대 명동성당과 대학가를 중심으로 상영되며 전파되었다.

나는 정말 부끄럽고 당혹스러웠어
아무것도 모르고 살았어

뒤늦게 깨달은거야
그동안 세상에는
끊임없이 비가 내리고 있었는데

내가 비를 맞지 않을 수 있었던 건
내 뒤에서 우산을 들어주던
누군가가 늘 있었기 때문이었어

그 누군가는 아버지 같기도 하고
그 도시의 시간들 같기도 하고…

1987년 1월 19일자 동아일보 지면.
박종철 고문치사사건 보도자료.

그 해 같은 학교 선배가
남영동 건물에서
차가운 시신이 되어 돌아왔을 때

선배와 우리는
모르는 사이였고
우린 특별한 신념을 가지지 못했던
어린 스무살이었지만

더 이상 누군가를
비에 젖게 하고 싶지 않아

1987년 박종철 고문치사사건이 발생했던 남영동 대공분실

인간으로서 그런 마음이 들어서

함께 용기내서
최루탄이 가득한
거리로 나갔어

시위에 나갔다가
크게 다치고 돌아온 날

아버지는
나를 크게 혼내고는
방으로 들어가버렸고

어머니는 날 부둥켜안고
시위에 나가지 말라고
엉엉 우셨어

그날 밤 우연히
뭔가를 한참 바라보며
잠 못드는 아버지를 보게 되었는데

찾아보니 그건
고등학교 시절 떠났다던
아버지의 친구였어

아버지는 27년이 흘러도
그 친구를 보내지 못하고 있었던 거야

1960년 4월 12일자 부산일보 지면.
김주열 주검 발견 보도자료.

왜 하필 그날에
그 기억을
꺼낸걸까

그날 밤새도록 아버지는
무슨 생각을 하셨을까

정의로운 세상을 원하는 목소리가
점점 커져가던 어느 날

연세대 학생이
최루탄을 맞고
쓰러지는 일이 벌어진 후

1987년 6월 9일 이한열 최루탄 피격

그 날 이후론 아버지는
내가 최루탄을 뒤집어쓰고 온 날에도
더 이상 아무 말씀 하지 않으셨어

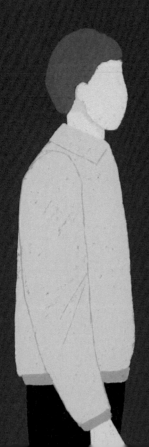

그리고
아버지도 거리로 나오셨지.

그 해
거리로 쏟아져나왔던
수많은 아버지들은
무슨 생각을 하셨을까

1987년 6월 항쟁 당시 '넥타이부대'의 모습 ⓒ 민주화운동기념사업회

아버지의 기록을 정리할 때
조금이나마 짐작할 수 있었고

오래 전 친구를 잃었다.
이젠 아들 같은 아이들이 떠나고 있다.
많은 아들에게 빚을 지고 있다.
시대는 변하지 않는 것일까?
그런데 이런 시대에 정직한 내 아들을
살아가게 할 수 있을까
부모가 된 나는 어린 시절의 나로
돌아갈 수 있을까

너를 낳고서는
완전히 이해할 수 있게 되었단다.

아빠의
옛날 이야기는
그렇게 끝이 났다.

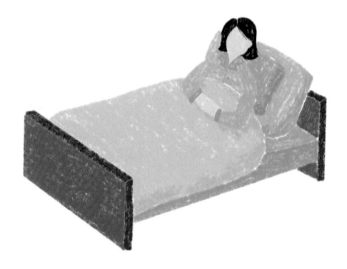

나는 그날 밤
쉽게 잠을 이루지 못했다.

평범한 날들이
유난히 무겁게 느껴지는 밤이었다.

보통의 사람들이 지켜온
소중한 가치를
기억하고자 합니다.